Saucen, Dips & Marinaden

Frank Winter

SAUCEN, DIPS
&Marinaden

Die besten Rezepte
für die richtige Würze

Jan Thorbecke Verlag

VERLAGSGRUPPE PATMOS

PATMOS
ESCHBACH
GRÜNEWALD
THORBECKE
SCHWABEN
VER SACRUM

Die Verlagsgruppe
mit Sinn für das Leben

Für die Verlagsgruppe Patmos ist Nachhaltigkeit ein
wichtiger Maßstab ihres Handelns. Wir achten daher
auf den Einsatz umweltschonender Ressourcen und
Materialien.

© 2022 Jan Thorbecke Verlag
Verlagsgruppe Patmos
in der Schwabenverlag AG, Ostfildern
www.thorbecke.de

Fotos & Gestaltung: Finken & Bumiller, Stuttgart
Druck: PNB Print Ltd, Silakrogs
Hergestellt in Lettland
ISBN 978-3-7995-1533-7

Frank Winter hat Germanistik, Soziologie und Philosophie
studiert und mit dem Titel Magister Artium (M.A.)
abgeschlossen.

Für sein Buch „Schottisch kochen" wurde er von der
Gastronomischen Akademie Deutschland
(GAD) mit einer Silbermedaille ausgezeichnet.

„MARMELMANIA. Herrlich verrückte Marmeladen-
Kompositionen", erschienen im Jan Thorbecke Verlag,
wurde mit dem Gourmand International Cookbook
Award prämiert.

Ein literarisches Alter Ego hat Frank Winter sich mit dem
Foodjournalisten Angus Thinnson MacDonald geschaffen,
der in seinen im Oktober Verlag erscheinenden Schott-
land-Krimis als Detektiv ermittelt.

Inhalt

Vorwort

NICHT NUR ZUR SOMMERZEIT

Wenn Sie diese Zeilen lesen, liebe Leserinnen und Leser, wohnen Sie sehr wahrscheinlich wie ich in deutschen Landen, die nicht mit 364 Sonnentagen gesegnet sind. Ergo musste ich kein Einstein sein, um mir folgende Frage zu stellen: Warum nicht Kulinaria kreieren, die fürs Grillfest unentbehrlich sind, aber selbst an kühlen Tagen genossen werden können? Da gibt es in der Tat Einiges.

Marinaden und Rubs kommen vor der Garung von Fleisch und Fisch ins Spiel. Steht das Essen auf dem Tisch, sind draußen wie drinnen Aromabutter, Aromaöl, BBQ-Soßen, Grillsoßen und Ketchups die Stars. Wer gerne tunkt, freut sich über Dips, und Fans herzhafter Küche genießen Chutneys und Pickles. Das eine oder andere Rezept mag eine längere Zutatenliste haben, weil nur damit der typische Geschmack erzeugt werden kann. Doch sind die Kochzeiten stets so kurz wie möglich. Es sollen neue Kulinaria sein, die sich einfach zubereiten lassen. Warum kommt beispielsweise im Handel eine würzige Butter allenfalls im Knoblauchkleid daher und nicht als Kapernversion? In den Regalen stehen viele Sorten Mayonnaise, aber keine mit Erdnusscreme. Schließlich: Die meisten Menschen lieben Mango, aber Mangosenf gibt es ebenso wenig wie Cranberry-Ketchup.

UNSER VORRATSSCHRANK

Nichts Schöneres als über ein Sortiment an Essigen zu verfügen, beispielsweise aus Rotwein, Weißwein oder Äpfeln. Beim Kochen von Ketchups und Grillsoßen können sie den entscheidenden Unterschied bewirken. Eine Kollektion an süßen Stoffen schlage ich auch vor. Sirup aus Zuckerrüben oder Reis sowie Honig. Geräucherte Gewürze wiederum sind beziehbar über das Internet und manche Supermärkte. In meinen Einmachtopf gelangen zudem Bio-Dosentomaten und Bio-Passata im Glas, also flüssige Tomaten. Wenn das Ausgangsprodukt gut ist, leidet der Geschmack nicht im Vergleich zu frischen Tomaten. Die weiteren Vorteile liegen auf der Hand: Es spart Kosten, geht schneller und umständliches Entfernen von Kernen, die in Ketchup und Grillsoße niemand will, fällt weg. Zudem können wir ständig einkochen, nicht nur im schmalen Zeitfenster der Tomatenernte, wenn gleichzeitig noch andere Früchte zu Marmelade verarbeitet werden wollen. Im Übrigen bevorzuge ich stets und überall frische Ware (ebenfalls in Bio-Qualität), was etwa bei ungeschälten Zitrusfrüchten mehr als ratsam ist. Gewürze verwenden wir getrocknet und gemahlen. Es sei denn, in der Zutatenliste steht „gemörsert". Meersalz bitte immer in feiner Form benutzen. Kräuter verwenden wir ebenfalls getrocknet. Wenn sie zu mörsern sind, steht das in der Zutatenliste.

Vor allem Tomatensoßen blubbern gerne heftig. Deshalb empfehle ich Vorsicht und einen langen Kochlöffel. (Gelier-)Zucker und Maisstärke werden etappenweise eingerührt. Ich fülle meine Grillsoßen und Ketchups in sterilisierte Einmachgläschen (220 ml), denn bislang ist mir noch keine Flasche ohne Reste begegnet, die sich partout nicht lösen wollen. Einem Glas dagegen kann ich meine Soßen gut entnehmen und sie besser dosieren. Alles, was ich produziere, bewahre ich im kühlen Keller (BBQ-Soßen, Grillsoßen, Ketchups, Chutneys und Pickles) oder Kühlschrank (Marinaden, Butter, Öl, Dips) auf, nach dem Öffnen nur noch im Kühlschrank. Ausnahme: Rubs.

Mir hilft die Produktion der Speisen prächtig dabei, die lange Phase bis zum Frühjahr und Sommer zu überstehen. Möge es Ihnen ebenso gehen. In jedem Fall wünsche ich viel Spaß in der Küche/am Grill, gutes Wetter und immer kräftiges Feuer!

Ihr Frank Winter

Marinaden haben mehrere Funktionen: Erstens das Fleisch zarter zu machen, was bei guter Qualität keine so große Rolle spielt, zweitens Feuchtigkeit spenden und schließlich zusätzlichen Geschmack geben. Alles Eingelegte am besten vor dem Grillen/ Braten leicht schütteln. Wenn ich Fleisch/Geflügel in einer Pfanne brate, gebe ich gerne einen Teil der Marinade dazu. Fisch dünste ich mit dieser in einem Topf.

Wann Ihre Gewürzmischungen, auf Englisch Rubs genannt, mit den Speisen in Berührung kommen, bleibt Ihnen überlassen: am heißem Grill oder Stunden im Voraus. Rubs gibt man auf einen Teelöffel und streut sie auf das Fleisch etc. Im zweiten Schritt wird die Gewürzmischung mit Hilfe der Finger gleichmäßig eingerieben.

In einer undurchsichtigen Dose und nicht zu warm gelagert, halten sich Rubs mehrere Monate.

MARINADEN
und Rubs

Dunkel kommt sie daher, diese Marinade, mit Aromen für die unterschiedlichsten Fleischsorten.

Hello Everyone!
FLEISCH-MARINADE

1 — Bier in eine Schüssel gießen. Rest der Zutaten nacheinander einrühren. Einen Deckel auflegen und im Kühlschrank aufbewahren.

Zutaten
für etwa 500 ml
(und etwa 3 Steaks)

500 ml dunkles Bier, z. B. Export
1 EL Sojasoße Shoyu-Art
1 EL Zitronensaft
2 EL Cayennepfeffer
1 TL Kreuzkümmel

Geschmeidig
GEFLÜGEL-MARINADE

1 — Alle Zutaten in eine Schüssel geben und gut mischen. Einen Deckel auflegen und im Kühlschrank aufbewahren.

Zutaten
für etwa 500 g
(und z. B.
2 Putenschnitzel)

500 g Joghurt (3,8 % Fettanteil)
1 TL Sonnenblumenöl
½ TL Garam Masala
1 EL Knoblauchpulver
1 TL Meersalz
1 Prise Nelken
1 TL Paprikapulver

Tipp:

Eingelegtes mindestens 4–5 Stunden, gerne auch über Nacht im Kühlschrank relaxen lassen.

Indisches Flair ist mit Gewürzen leicht herzustellen. Selbst Schweinefleisch können Sie mit dieser Marinade bekannt machen.

Ein schöner sonniger
Tag an der See:
Mit dieser Marinade
versuchen wir ihn
einzufangen.

Meeresbrise
FISCH-
MARINADE

1 — Apfelwein in eine Schüssel gießen. Rest der Zutaten nacheinander einrühren. Einen Deckel auflegen und im Kühlschrank aufbewahren.

Zutaten
für etwa 300 ml
(und 300–400 g Fisch)

300 ml Apfelwein
2 EL Sonnenblumenöl
2 EL Petersilie
1 EL Dill
1 TL Kräutersalz
1 TL schwarzer Pfeffer

Ganz klassisch
FLEISCH-RUB

1 — Alle Zutaten in eine Schüssel geben und gut mischen. Den Rub in eine dunkle, gut verschließbare Dose füllen. Nicht zu warm lagern.

Zutaten
für ca. 21 EL

6 EL (brauner) Zucker
5 EL Paprikapulver
2 EL schwarzer Pfeffer
3 EL Meersalz
1,5 EL geräuchertes Buchenholzsalz
1,5 TL Knoblauchpulver
1,5 TL Zwiebelpulver
1 TL Cayennepfeffer

Tipp:

Diese Mischung kann auch zum Panieren verwendet werden: etwa 1,5 EL pro Schnitzel bzw. Tofuscheibe.

Ob Rind, Schwein oder Lamm, dieser Rub lässt sie gewiss nicht im Stich.

Geflügel können wir hier als Überbegriff verstehen, denn unser Rub mag Huhn, Pute sowie Ente.

Gut gelandet
GEFLÜGEL-RUB

1 — Die Zutaten in eine Schüssel geben und gut mischen.
2 — Den Rub in eine dunkle, gut verschließbare Dose füllen. Nicht zu warm lagern.

Zutaten
für ca. 12 EL

1 EL Sternanis
1 EL Garam Masala
2 EL geriebene Bio-Orangenschale (aus dem Päckchen)
1,5 EL Kaffeepulver
1 EL Ingwer
2 EL Meersalz
2 EL gemörserter Oregano
1 EL grüner Pfeffer

Tipp:

Übrig gebliebene Geflügelreste ergeben mit Salat und zwischen Brotscheiben ein delikates Sandwich.

Projekt Rot-Weiß
FISCH-RUB

1 — Alle Zutaten in eine Schüssel geben und gut mischen. Den Rub in eine dunkle, gut verschließbare Dose füllen. Nicht zu warm lagern.

Zutaten für 19 EL

3 EL Meersalz
4 EL Basilikum
4 EL gemörserter Schnittlauch
4 EL gemörserter Thymian
4 EL gemörserter Rosmarin

Tipp:
Wenn Sie Kartoffelbrei mögen, mischen Sie 1–2 EL von diesem Rub als Aroma-Turbolader unter.

In einen Seelachs massiert oder als Lachsfilet-Mantel – dagegen hat kein Fisch etwas einzuwenden. Behaupte ich einfach mal!

Zwei, drei Sorten Aromabutter bringen beim Grillen und auf dem Frühstückstisch Abwechslung. Wir würzen hier europäisch und deutsch, geizen nicht mit anderen Zutaten. Ausgesprochen gerne brate ich Omelettes damit. Aromabutter hält sich mindestens so lange wie das gekaufte Ausgangsprodukt.

Wie schon erwähnt, sollen wenige Zutaten nötig sein; bei den beiden Aromaölen sind es sogar nur drei. Sie werden kalt aufgetragen und verfeinern Fleisch, Geflügel und Gemüse. Bewahren Sie sie im Kühlschrank auf. Ich habe ständig zwei davon vorrätig. Sitzen mehrere Personen fröhlich beisammen …

AROMA-BUTTER

UND

AROMAÖL

Zu Gemüse, auf Pumpernickel/ Baguette/Knäckebrot: Dieser Butter ist alles recht.

Würz-Würz
TOMATEN-BUTTER

Zutaten
für etwa 125 g

125 g Süßrahmbutter
1 EL gemörserter Rosmarin
1 EL gemörserter Oregano
½ TL Meersalz
2 EL Tomatenmark

1 — Butter mindestens 30 Minuten vor der Zubereitung aus dem Kühlschrank holen, sodass sie schön weich wird. In einen Suppenteller geben. **2** — Butter platt drücken. Gewürze und Tomatenmark untermischen und mit zwei Esslöffeln alles kneten, bis die Masse weitgehend hellrot und alles gut verarbeitet ist. **3** — Ein großes Stück Frischhaltefolie auf dem Küchentisch auslegen. Butter darauf platzieren und rundum in Folie einwickeln. **4** — An beiden Enden fest drehen. Butter mit den Händen in Wurstform kneten und anschließend im Kühlschrank fest werden lassen.

Vom Mittelmeer
KAPERN-BUTTER

Zutaten
für etwa 125 g

125 g Süßrahmbutter
4 EL Kapern
1 EL Thymian
½ TL Meersalz

1 — Butter mindestens 30 Minuten vor der Zubereitung aus dem Kühlschrank holen, sodass sie schön weich wird. In einen Suppenteller geben. **2** — Kapern im Mixer zu einer Paste mahlen. Butter platt drücken. Kapern und Gewürze untermischen und die Masse mit zwei Esslöffeln kneten, bis alles gut verarbeitet ist. **3** — Ein großes Stück Frischhaltefolie auf dem Küchentisch auslegen. **4** — Butter darauf platzieren und rundum in Folie einwickeln. An beiden Enden fest drehen. **5** — Butter mit den Händen in Wurstform kneten und anschließend im Kühlschrank fest werden lassen.

Kapern: südländisches Gewürz, das Salat und Gemüse ordentlich einheizt und auch unsere Butter belebt.

Rote Bete und
Kümmel sind gute
Freunde unserer
heimischen Küche.
Mit dieser Butter
erproben sie sich auf
neue Weise.

Urdeutsch und doch neu
ROTE-BETE-BUTTER

Zutaten
für etwa 125 g

125 g Süßrahmbutter
2,5 EL Limettensaft
2 EL Rote-Bete-Pulver
1 EL gemörserter Kümmel
½ TL Meersalz

1 — Butter mindestens 30 Minuten vor der Zubereitung aus dem Kühlschrank holen, sodass sie schön weich wird. **2**— Limettensaft in einen Suppenteller geben. Rote-Bete-Pulver einrühren. **3** — Kümmel und Meersalz damit verrühren, bis eine Paste entsteht. **4** — Butter dazugeben und mit zwei Esslöffeln mehrfach in der Paste drehen, dann platt drücken und kneten, bis die Masse weitgehend hellrot und alles gut verarbeitet ist. **5** — Ein großes Stück Frischhaltefolie auf dem Küchentisch auslegen. Butter darauf platzieren und rundum in Folie einwickeln. **6**— An beiden Enden fest drehen. Butter mit den Händen in Wurstform kneten und anschließend im Kühlschrank fest werden lassen.

Tipp:

Anstatt Rote-Bete-Pulver können Sie auch Spinat-Pulver verwenden.

Nur hier erhältlich
PAPRIKA-MANGO-ÖL

Zutaten
für etwa 350 ml

350 ml Sonnenblumenöl
1 roter Paprika à 200 g
4 EL Mango-Pulver

1 — Öl in einen hohen Topf gießen. **2** — Paprika waschen, vollständig trocknen, vom Kerngehäuse befreien und grob zerkleinern. **3** — Öl erhitzen: Wenn es Geräusche entwickelt und großflächige Blasen wirft, Paprikastücke und Mango-Pulver sehr vorsichtig dazugeben und alles etwa 5 Minuten weiterkochen. Falls das Öl zu heiß wird, den Topf etwas von der Herdplatte wegziehen bzw. die Hitze reduzieren. **4** — Vollständig abkühlen lassen und in eine dunkle Glasflasche filtern.

Tipp:

Ich lasse dieses Öl 2–3 Tage in der Flasche relaxen, damit die Aromen besser zur Geltung kommen. Bitte im Kühlschrank aufbewahren, wo es sich noch mindestens 2 Wochen hält. Nach einiger Zeit ggf. die geschlossene Flasche leicht schütteln.

Dieses Öl passt auch gut zu winterlichen Speisen: Kohl in allen Farben und Rote Bete.

Basilikum, würzig-süßer Star der italienischen Küche, bekommt eine Infusion mit saurer Grapefruit.

Grün mit Grapefruit
BASILIKUM-GRAPEFRUIT-ÖL

Zutaten
für etwa 350 ml

30 frische Basilikumblätter
350 ml Sonnenblumenöl
2 EL Grapefruitschale

1 — Basilikumblätter mit Küchenpapier abreiben. Öl in einen hohen Topf gießen und erhitzen: Wenn es Geräusche entwickelt und großflächige Blasen wirft, die Hitze reduzieren, bis nur noch leichte Blasen zu sehen sind. **2** — Sehr vorsichtig Basilikumblätter und Grapefruitschale dazugeben und 5 Minuten weiterkochen. **3** — Öl vollständig abkühlen lassen. In eine dunkle Glasflasche filtern und im Kühlschrank aufbewahren, wo es sich nach dem Öffnen noch mindestens 8–10 Tage hält.

Tipp:

Sie können die Basilikumblätter auch waschen anstatt abzureiben. Dann geht aber mehr vom Aroma verloren.

Hier kochen wir Grillsoßen und mit geräucherten Gewürzen BBQ-Soßen ein. Die Tomate spielt gerne die erste Geige, unterstützt von Hokkaidokürbis, Zucchini, Äpfeln und Ananas.

Für meine Ketchups verwende ich gerne besondere Zutaten: Weißweinessig oder auch Himbeeren. Rot/rötlich sollen sie sein, nach Tomate schmecken, aber eben auch nach einem gewissen anderen Etwas. Die Ketchups mit Sauerkirschen und Cranberrys haben ähnliche Zutaten und Mengen, schmecken aber sehr unterschiedlich: Vielleicht lassen Sie sich von diesen Master Recipes inspirieren, eigene Versionen zu erfinden?

Alle Soßen dieses Kapitels sollten im Keller und, einmal geöffnet, im Kühlschrank aufbewahrt sowie innerhalb von etwa 3 Wochen verzehrt werden. Wer die empfohlenen kleinen Gläschen (220 ml) benutzt, jeweils die benötigte Menge entnimmt und/oder öfter Gäste bewirtet, meistert das leicht.

BBQ-SOßEN, GRILLSOßEN

UND KETCHUPS

ALLROUND-BBQ-SOßE

Zutaten
für etwa 6 Einmachgläser à 220 ml

3 Dosen Tomatenstücke à 400 g
Inhalt (Abtropfgewicht: 240 g)
2,5 EL Apfelweinessig oder
Apfelessig
4 EL Sojasoße Shoyu-Art
1,5 TL Zwiebelpulver
1,5 EL mittelscharfer Senf
1 EL schwarzer Pfeffer
1 EL Meersalz
3 EL Maisstärke
3 EL Zuckerrübensirup
2,5 EL geräuchertes edelsüßes
Paprikapulver
200 g Gelierzucker

1 — Tomatenstücke mit Flüssigkeit in einem Topf aufkochen, dann auf mittlere Hitze reduzieren. **2** — Pürieren.
3 — Restliche Zutaten bis auf 1 EL geräuchertes Paprikapulver und Gelierzucker einrühren. Etwa 5 Minuten kochen.
4 — Gelierzucker einrühren, aufkochen und mindestens 3 Minuten sprudelnd kochen, bis die Soße geliert. Darauf achten, dass nichts anhängt. Restliches Paprikapulver einrühren.

Eine filigrane Soße, die auf fertiges Grillgut gestrichen werden kann: Am besten passen Schwein, Rind oder Lamm.

Aus dem schönen Südstaat Louisiana stammt die Cajun-Küche, ehemals ins Leben gerufen von französischen Siedlern. Hier meine Version einer Cajun-BBQ-Soße.

Crazy Cajun
LOUISIANA-BBQ-SOßE

Zutaten
für 4 Einmachgläser
à 220 ml

2 Dosen Tomaten à 400 g Inhalt
(Abtropfgewicht: 240 g)
4 EL Bieressig
3,5 EL Cajun-Gewürzmischung
1 EL geräuchertes Buchenholzsalz
½ TL scharfer Senf
3 EL Maisstärke
3 EL flüssiges Gerstenmalz
(erhältlich in Bio-Märkten)
175 g Gelierzucker

1 — Tomaten mit Flüssigkeit und Essig in einem Topf aufkochen, dann bei mittlerer Hitze etwa 5 Minuten kochen. **2** — Pürieren. **3** — Restliche Zutaten bis auf den Gelierzucker einrühren. Noch etwa 2 Minuten bei mittlerer Hitze kochen. **4** — Gelierzucker einrühren, aufkochen und mindestens 3 Minuten sprudelnd kochen, bis die Soße geliert. Darauf achten, dass nichts anhängt.

Tipp:

Ich habe einige Zeit gesucht, bis ich einen (wirklich guten) Bieressig fand. Damit Ihnen das erspart bleibt: Er ist biologisch und stammt von der Firma Byodo.

A Shot of Alcohol
AMARETTO-BBQ-SOßE

1 — Passata in einen Topf geben und leicht erwärmen. Nacheinander alle Zutaten bis auf 4 EL Amaretto und Gelierzucker einrühren. Einmal unter Rühren aufkochen. **2** — Gelierzucker einrühren, aufkochen und mindestens 3 Minuten sprudelnd kochen, bis die Soße geliert. Darauf achten, dass nichts anhängt. **3** — Restliche 4 EL Amaretto einrühren.

Zutaten
für etwa 3,5 Einmach-
gläser à 220 ml

650 ml Passata
2 EL Weißweinessig
1 EL Knoblauchpulver
1 TL Meersalz
1 TL geräuchertes Tannensalz
3 EL Maisstärke
3 EL Apfelsüße
8 EL Amaretto
200 g Gelierzucker

**Bourbon in Grillsoßen
ist nichts Neues,
Amaretto schon.**

Kürbisse sind wahre Tausendsassas – in Marmeladen, Chutneys wie auch Grillsoßen. Der BBQ-Geschmack hält sich hier im Hintergrund.

Pumpkin Power
KÜRBIS-
BBQ-SOßE

Zutaten
für 7 Einmachgläser
à 220 ml

1 kg Hokkaido-Kürbis
500 g Clementinen
700 ml Wasser
3 EL Aceto Balsamico
1 EL Zwiebelpulver
1 EL Meersalz
3 EL Maisstärke
3 EL Vanillesirup
400 g Rohrohrzucker
1,5 EL geräuchertes edelsüßes
Paprikapulver
1,5 TL geräucherter, schwarzer
Pfeffer (z.B. von www.spicebar.de)

1 — Kürbis waschen, abtrocknen und in kleine Stücke (etwa 2 × 2 cm) schneiden. Faserige Teile und Kerne dabei entfernen. Clementinen schälen und in Segmente teilen. Faserige Teile und ggf. Kerne dabei entfernen. Mit Kürbis und Wasser in einen Topf geben. **2** — Aufkochen, dann bei starker Hitze 15–20 Minuten kochen, bis die Kürbisstücke pürierbar sind. **3** — Topfinhalt pürieren. **4** — Aceto Balsamico, Zwiebelpulver, Meersalz, Maisstärke und Vanillesirup einrühren. Etwa 2 Minuten bei mittlerer Hitze kochen. **5** — Zucker einrühren, aufkochen und mindestens 3 Minuten sprudelnd kochen, bis die Soße geliert. Darauf achten, dass nichts anhängt. Paprikapulver und Pfeffer einrühren.

Brown Sauce
FRUCHTIGE SOßE

Zutaten
für etwa 6 Einmach-
gläser à 220 ml

650 ml Passata
200 g Soft-Pflaumen
100 ml Wasser
500 kg süße Äpfel
(geschält: 250 g)
100 ml Apfelessig oder
Apfelweinessig
2 EL flüssiges Gerstenmalz
oder Melasse
200 g flüssige Tamarinde (erhältlich in Asia-Märkten und manchen
Supermärkten)
2 EL Sojasoße Shoyu-Art
1,5 EL Zwiebelpulver
1 EL schwarzer Pfeffer
1 TL Ingwer
2 EL Maisstärke
150 g Gelierzucker

1 — Passata, Soft-Pflaumen und Wasser in einen Topf geben. **2** — Äpfel schälen, vom Kerngehäuse befreien, in kleine Stücke schneiden und in den Topf geben. Alles aufkochen, dann bei starker Hitze etwa 10 Minuten kochen, bis die Apfelstücke pürierbar sind. **3** — Pürieren.
4 — Restliche Zutaten bis auf den Gelierzucker einrühren.
5 — Topfinhalt etwa 2 Minuten kochen. **6** — Gelierzucker einrühren, aufkochen und mindestens 3 Minuten sprudelnd kochen, bis die Soße geliert. Darauf achten, dass nichts anhängt.

Brown Sauce ist beim großen britischen Frühstück unverzichtbar und passt auch gut zu Fleisch. Ihren angenehm säuerlichen Geschmack erhält sie durch asiatische Tamarinde.

Lateinamerika trifft Europa, Chili auf Äpfel. Fusion Food wird das auch genannt. Eine sommerlich-frische Soße, die nach dem Öffnen in 3–4 Tagen gegessen werden sollte.

Völkerverständigung
MODERAT SCHARFE CHILISOßE

Zutaten
für 4,5 Einmachgläser à 220 ml

500 ml Wasser
750 g Äpfel (geschält: 375 g)
300 g Zucchini
3 EL Rotweinessig
1,5 EL Maisstärke
1,5 EL Blütenhonig
1,5 EL Cayennepfeffer
150 g Gelierzucker
5 g geriebene Bio-Orangenschale (aus dem Päckchen)
1 TL Koriander
1 TL Meersalz

1 — Wasser in einen Topf gießen. **2** — Äpfel schälen, vom Kerngehäuse befreien, in kleine Stücke schneiden und in den Topf geben. **3** — Zucchini schälen, in kleine Stücke schneiden und ebenfalls in den Topf geben. **4** — Aufkochen und dann bei starker Hitze etwa 10 Minuten weiterkochen, bis Obst und Gemüse pürierbar sind. **5** — Topfinhalt pürieren. **6** — Rotweinessig, Maisstärke, Blütenhonig, Cayennepfeffer und Gelierzucker einrühren. Aufkochen und mindestens 3 Minuten sprudelnd kochen, bis die Soße geliert. Darauf achten, dass nichts anhängt. **7** — Orangenschale und restliche Gewürze einrühren.

Tipp:

Diese Soße ist etwas dicker gehalten, weil es gut zum Geschmack passt. Wenn Sie wollen, können Sie vor dem Verzehr in einem Schälchen einige Tropfen Wasser beigeben.

Indien
MILDE CURRYSOßE

Zutaten für etwa 4 Einmachgläser à 220 ml

300 ml Wasser
500 süße Äpfel (geschält: 250 g)
350 g Bio-Ananas (aus dem Glas; Fruchtanteil: 200 g)
2 EL mildes Currypulver (am besten ohne Knoblauchanteil)
1,5 EL Aceto Balsamico
2 EL Maisstärke
1,5 EL Kokosblütensirup oder Zuckerrübensirup
150 g Gelierzucker
½ TL Bockshornklee
½ TL Garam Masala
½ TL Meersalz

1 — Wasser in einen Topf gießen. Äpfel schälen, Kerngehäuse entfernen, Rest in kleine Stücke schneiden. Mit Ananas und Flüssigkeit in den Topf geben. Aufkochen, dann bei starker Hitze etwa 10 Minuten kochen, bis Obst und Gemüse pürierbar sind. **2** — Pürieren. **3** — Currypulver, Aceto Balsamico, Maisstärke und Sirup einrühren. 5 Minuten bei mittlerer Hitze kochen. **4** — Gelierzucker einrühren, aufkochen und mindestens 3 Minuten sprudelnd kochen, bis die Soße geliert. Darauf achten, dass nichts anhängt. **5** — Restliche Gewürze einrühren.

**Simpel, aber wahr:
passt zu jedem
indischen Gericht.**

Schön zu vegetarischem Essen und gekochten Eiern.

Wieder Indien
SCHARFE CURRYSOßE

Zutaten
für 4 Einmachgläser
à 220 ml

500 g Karotten
2 EL Rosinen
500 ml Wasser
3 EL mittelscharfes Currypulver
1,5 EL Rotweinessig
2 EL Maisstärke
100 ml Melasse
100 g Gelierzucker
1 TL schwarzer Pfeffer
1 EL scharfer Senf
1 TL Cayennepfeffer

1 — Karotten schälen und in dünne Scheiben schneiden. Mit Rosinen und Wasser in einen Topf geben. 15 Minuten bei starker Hitze kochen. **2** — Topfinhalt pürieren. **3** — Currypulver, Rotweinessig, Maisstärke und Melasse einrühren. 5 Minuten bei mittlerer Hitze kochen. **4** — Gelierzucker einrühren, aufkochen und mindestens 3 Minuten sprudelnd kochen, bis die Soße geliert. Darauf achten, dass nichts anhängt. **5** — Pfeffer, Senf und Cayennepfeffer einrühren.

SCHÖN DICKE PFLAUMEN- SOßE

Zutaten
für etwa
3 Einmachgläser
à 220 ml

150 g Soft-Pflaumen
750 ml Passata
1 EL Tomatenmark
3 EL Condimento Bianco
½ TL Meersalz
1 EL Maisstärke
1 EL Fünf-Gewürze-Pulver
1 EL Reissirup
150 g Gelierzucker

1 — Soft-Pflaumen mit Passata in einen Topf geben und aufkochen. Tomatenmark, Condimento Bianco, Meersalz, Maisstärke, Fünf-Gewürze-Pulver und Reissirup dazugeben.
2 — 2 Minuten bei mittlerer Hitze unter Rühren kochen.
3 — Pürieren. **4** — Gelierzucker einrühren. Aufkochen und mindestens 3 Minuten sprudelnd kochen, bis die Soße geliert. Darauf achten, dass nichts anhängt.

Fünf-Gewürze-Pulver ist für manche chinesische Spezialität unentbehrlich. Verwenden Sie eine gute Mischung, am besten auf biologischer Basis.

Ich bin sehr gespannt, welcher Ketchup Ihnen am meisten mundet. Hier kommt der erste, mit Himbeeren mal auf leicht herbe Art.

Warum immer Marmelade?
HIMBEER-KETCHUP

Zutaten
für 4,5 Einmachgläser à 220 ml

300 g (tiefgefrorene) Himbeeren
650 ml Passata
2,5 EL Tomatenmark
2 EL Weißweinessig
1 TL Meersalz
½ TL Zimt
½ TL grüner Pfeffer
2 EL Maisstärke
2 EL flüssiges Gerstenmalz
(erhältlich in Bio-Märkten)
300 g Gelierzucker

1 — Himbeeren mit Passata in einen Topf geben. Deckel auflegen und über Nacht relaxen lassen. **2** — Am nächsten Tag erwärmen. Tomatenmark und Weißweinessig dazugeben. 2 Minuten bei mittlerer Hitze unter Rühren kochen. **3** — Pürieren.
4 — Meersalz, Zimt, grünen Pfeffer, Maisstärke, Gerstenmalz und Gelierzucker einrühren. Aufkochen und mindestens 3 Minuten sprudelnd kochen, bis der Ketchup geliert. Darauf achten, dass nichts anhängt.

Nah und fern
SAUERKIRSCHKETCHUP

Zutaten für 4,5 Einmachgläser à 220 ml

300 g (tiefgefrorene) Sauerkirschen
650 ml Passata
2,5 EL Tomatenmark
2 EL Rotweinessig
1 TL Baharat (erhältlich in Supermärkten und bei Discountern)
2 EL Maisstärke
2 EL Zuckerrübensirup
300 g Gelierzucker

1 — Sauerkirschen in einen Topf geben. Deckel auflegen und über Nacht relaxen lassen. **2** — Am nächsten Tag erwärmen. Passata, Tomatenmark und Rotweinessig dazugeben. 2 Minuten bei mittlerer Hitze unter Rühren kochen. **3** — Pürieren. **4** — Baharat, Maisstärke, Zuckerrübensirup und Gelierzucker einrühren. Aufkochen und mindestens 3 Minuten sprudelnd kochen, bis der Ketchup geliert. Darauf achten, dass nichts anhängt.

Schön ist es, wenn ein
Rezept bereits beim ersten
Versuch funktioniert.
Hier war mein Ziel, die
orientalische Gewürz-
mischung Baharat und die
deutsche Sauerkirsche in
Einklang zu bringen.

Besonders gut verträgt sich diese rubinrote Version mit Ofenkartoffeln und Wedges.

So schön anders
CRANBERRY-
KETCHUP

1 — Cranberrys und Passata in einem Topf mit aufgelegtem Deckel über Nacht relaxen lassen. 2 — Am nächsten Tag aufkochen. Tomatenmark, Rotweinessig, Meersalz, Maisstärke und Zuckerrübensirup einrühren. 2 Minuten bei mittlerer Hitze unter Rühren kochen. 3 — Pürieren. 4 — Aufkochen, Gelierzucker einrühren und mindestens 3 Minuten sprudelnd kochen, bis der Ketchup geliert. Darauf achten, dass nichts anhängt.

Zutaten
für etwa 5 Einmachgläser à 220 ml

300 g (tiefgefrorene) Cranberrys
650 ml Passata
2 EL Tomatenmark
2 EL Rotweinessig
1 TL Meersalz
3 EL Maisstärke
3 EL Zuckerrübensirup
300 g Gelierzucker

Ihnen ist sicher aufgefallen, dass wir für unsere Aroma-butter keine Melkausbildung absolvieren mussten. Nein, wir verwenden bereits produzierte Qualitätsbutter. Ebenso machen wir es mit unseren Mayonnaise-Varia-tionen. Es ist äußerst erfreulich, wie sehr sich der Ge-schmack mit gewissen Beigaben verändern/verfeinern lässt, ob Erdnusscreme, Honig oder Gewürze.

Weiter geben sich in diesem Kapitel zwei Dips, in Minu-tenfrist zuzubereiten, die Ehre, auch ein Senf mit Mango und Äpfeln sowie eine Papaya-Senf-Creme.

DIPS
DIPS
DIPS

Volles Programm

KORIANDER-HONIG-MAYONNAISE

Zutaten
für etwa 250 ml

250 ml Bio-Mayonnaise
1,5 TL Koriander
1,5 TL (Vielblüten)-Honig
1 TL schwarzer Pfeffer

1 — Mayonnaise aus dem Glas in ein sterilisiertes, vollständig abgekühltes 440-ml-Einmachglas füllen. Restliche Zutaten nacheinander einrühren. **2** — Mayonnaise im Kühlschrank aufbewahren, wo sie sich gut zehn Tage hält.

Diese Version lebt
vom Kontrast:
üppig gegen Würze
gegen süß.

Eine der Mayonnaisen, die ich ständig im Kühlschrank habe. Bevorzugter Begleiter außerhalb des Grillens: Käse-Sandwich.

Federgewicht
ERDNUSS-
MAYONNAISE

Zutaten
für etwa 250 ml

250 ml vegane Bio-Mayonnaise
1 EL Erdnusscreme (100 %)
1 EL grüner Pfeffer

1 — Mayonnaise aus dem Glas in ein sterilisiertes, vollständig abgekühltes 440 ml-Einmachglas füllen. Erdnusscreme und grünen Pfeffer einrühren. **2** — Mayonnaise im Kühlschrank aufbewahren, wo sie sich gut zehn Tage hält.

Geschmacklich konsequent
KNOBLAUCH-DATTEL-DIP

Zutaten für etwa 500 g

500 g Magermilch-
joghurt (0,3 % Fett)
1 EL Sonnenblumenöl
1 EL Knoblauchpulver
1 EL Meersalz
1 EL Petersilie
1 EL Schnittlauch
1 TL Weißweinessig
2 EL Maisstärke
1 TL Limettensaft
2 EL Dattelsirup

1 — Joghurt in eine Schüssel geben. Restliche Zutaten nacheinander einrühren. **2** — In ein sterilisiertes, vollständig abgekühltes Einmachglas füllen und im Kühlschrank aufbewahren.

Bei mir hält sich dieser
Dip nur zwei Tage.
Bis ich ihn verspeist habe!
Scherz beiseite, Sie haben
mindestens eine Woche
Zeit, ihn zu genießen.

Wir zügeln Meerrettich mit Honig, und damit's beiden nicht langweilig wird, gibt es noch Zitronengras.

Zünftig scharf
MEER-RETTICHDIP

1 — Joghurt in eine Schüssel geben. Restliche Zutaten einrühren. In ein sterilisiertes, vollständig abgekühltes Einmachglas füllen und im Kühlschrank aufbewahren, wo sich der Dip mindestens 1 Woche hält.

Zutaten
für etwa 600 g

500 g Magermilchjoghurt
90 g Bio-Meerrettich
(aus dem Glas)
1 EL Blütenhonig
1 EL Rosinen
1 EL Zitronengras
½ TL Meersalz

Tarnmanöver
APFEL-
MANGO-SENF

Zutaten
für 4 Einmachgläser
à 220 ml

300 g (tiefgefrorene) Mangos
3 EL Weißweinessig
7 EL Wasser
1 kg süße Äpfel (geschält: 500 g)
1 EL Zuckerrübensirup
7 EL Senfpulver (erhältlich in
English und Asia-Shops sowie
Supermarkten)
1 Msp. schwarzer Pfeffer
1 Msp. Meersalz

1 — Mangos in einen Topf geben und über Nacht mit aufgelegtem Deckel relaxen lassen. **2** — Am nächsten Tag Weißweinessig und Wasser dazugießen. **3** — Äpfel schälen, vom Kerngehäuse befreien, klein schneiden und in den Topf geben. **4** — Topf stark erhitzen, dann bei mittlerer Temperatur alles mindestens 10 Minuten kochen, bis das Obst püriert werden kann. **5** — Pürieren. **6** — Restliche Zutaten einrühren. Noch einmal kurz aufkochen. Darauf achten, dass nichts anhängt. **7** — In sterilisierte, heiße Einmachgläser füllen und mindestens 2–3 Tage ziehen lassen.

Tipp:

Mit einem Fruchtmix (Erdbeeren, Himbeeren etc.) anstelle von Mangos wird der Senf leuchtend dunkelrot, und das macht ein leichtes Knirschen der Beeren beim Verspeisen mehr als wett.

Kein klassischer Dip, aber doch exzellent zum Dippen geeignet: Rohkostgemüse, Rindswürste, Steak ...

Diese Mischung oder Mélange, wie man in Frankreich sagt, passt unter anderem zu Schinken und gegrilltem Fleisch.

Karibik-Mix
PAPAYA-SENF-CREME

Zutaten
für etwa 2 Einmach-
gläser à 220 ml

300 ml Orangensaft
2 EL Limettensaft
100 g getrocknete Papaya
1 EL getrocknete Bärlauchblätter
oder Liebstöckelblätter
2 EL Himbeeressig oder Condimento Rosso
1 TL Meersalz
1 TL schwarzer Pfeffer
5 EL Senfpulver
2 EL Maisstärke
7 EL Landhonig oder Blütenhonig

1 — Orangensaft mit Limettensaft und Papaya in einen Topf geben. Deckel auflegen und über Nacht relaxen lassen. **2** — Am nächsten Tag aufkochen, Bärlauchblätter dazugeben und alles bei mittlerer Hitze 2 Minuten kochen. **3** — Pürieren. **4** — Rest der Zutaten nacheinander einrühren und alles etwa 3 Minuten stark kochen. Darauf achten, dass nichts anhängt. **5** — In sterilisierte, heiße Einmachgläser füllen.

Was Chutneys betrifft, gibt es in Deutschland ein gravierendes Missverständnis. Das Mango-Chutney mancher indischer Restaurants ist meines Erachtens Marmelade mit einem Schuss Essig. So, jetzt hab ich's gesagt!

Hier finden Sie unterschiedliche Versionen, an den Jahreszeiten orientiert, mal mehr, mal weniger süß. Chutneys sollten ein bis zwei Wochen Zeit zum Relaxen haben. Weil sie selbst geöffnet im Kühlschrank lange halten, lohnt es sich, größere Mengen zu kochen.

Bei Pickles schlägt die Waage immer etwas mehr zur sauren Seite aus. Bekannteste Variante ist hierzulande die eingelegte Gurke. Wir wagen uns an Spannenderes …

CHUTNEYS *UND PICKLES*

Erdbeer-Party
FRÜHJAHRS-CHUTNEY

Zutaten
für etwa 2,5 Einmach-
gläser à 440 ml

500 g Zucchini
500 g Erdbeeren
150 ml Apfelessig oder Apfelweinessig
1 TL geräuchertes Tannensalz
350 g Gelierzucker
1,5 EL getrockneter Majoran
1 TL schwarzer Pfeffer

1 — Zucchini waschen, Enden kappen und den Rest in kleine Stücke schneiden. **2** — Erdbeeren waschen. Grüne Teile entfernen. Rest halbieren. **3** — Essig in einen Topf gießen. Erdbeeren und Zucchini dazugeben. Über Nacht mit aufgelegtem Deckel relaxen lassen. **4** — Am nächsten Tag aufkochen und dann bei mittlerer Hitze etwa 5 Minuten kochen, bis alles pürierbar ist. **5** — Pürieren. **6** — Geräuchertes Tannensalz und Gelierzucker einrühren. Topfinhalt aufkochen und mindestens 3 Minuten sprudelnd kochen, bis das Chutney geliert. Darauf achten, dass nichts anhängt. **7** — Majoran und Pfeffer einrühren.

Tipp:

Erdbeeren breiten sich gerne aus, und so kann es ratsam sein, das geöffnete Chutney nach einer Woche leicht umzurühren.

Erdbeeren sind willkommene Frühlings-boten und dominieren ein Chutney positiv. Von der schönen Farbe gar nicht zu reden.

Orangen passen immer, in Marmeladen wie im Chutney, denn sie bringen eine spritzige Note.

Hoher Suchtfaktor
SOMMER-CHUTNEY

Zutaten
für 3,5 Einmachgläser à 440 ml

300 ml Apfelessig
3 EL Zitronensaft
300 ml Wasser
500 g Bio-Äpfel
500 g Bio-Orangen
100 g Kokosraspel
300 g Gelierzucker
1 TL Meersalz
1 TL schwarzer Pfeffer
½ TL Sternanis
½ TL Zimt

1 — Apfelessig, Zitronensaft und Wasser in einen Topf gießen. Äpfel waschen und Orangen unter fließend warmem Wasser abbürsten. Äpfel ungeschält in kleine Stücke schneiden (etwa 2 × 2 Zentimeter). Dabei das Kerngehäuse entfernen. Orangen ebenfalls mit Schale zerkleinern. Faserige Teile entfernen. Obst mit Kokosraspeln in den Topf geben. Alles mit aufgelegtem Deckel über Nacht relaxen lassen. **2** — Am nächsten Tag aufkochen und dann bei mittlerer Temperatur etwa 10 Minuten kochen, bis das Obst pürierbar ist. **3** — Pürieren. **4** — Gelierzucker einrühren, aufkochen und mindestens 3 Minuten sprudelnd kochen, bis das Chutney geliert. Darauf achten, dass nichts anhängt. **5** — Gewürze einrühren.

Tipp:

Schöne Varianten entstehen mit Weinessig statt Apfelessig, egal ob rot oder weiß.

My Indian Summer
HERBST-CHUTNEY

Zutaten
für 7,5 Einmachgläser
à 440 ml

700 ml Weißweinessig
2,5 kg (Apfel-)Quitten (geschält:
1,25 kg)
500 g Staudensellerie
200 g Soft-Datteln
500 g Trauben
100 g Vollmilchschokolade
500 g Rohrohrzucker
1 EL Chili
1 TL Kreuzkümmel
1 TL schwarzer Pfeffer
1 TL Meersalz

1 — Weißweinessig in einen großen Topf gießen. Quitten schälen, Kerngehäuse entfernen und den Rest sehr klein schneiden. **2** — Staudensellerie waschen und klein schneiden. Soft-Datteln zerkleinern. Trauben waschen und entstielen. Alles in den Topf geben. **3** — Aufkochen, dann bei mittlerer Hitze mindestens 20–25 Minuten kochen, bis die Quitten pürierbar sind. **4** — Topfinhalt pürieren. **5** — Schokolade in Stücke brechen. Unter Rühren dazugeben. Zucker einrühren und mindestens 3 Minuten sprudelnd aufkochen, bis das Chutney geliert. Darauf achten, dass nichts anhängt. **6** — Gewürze einrühren.

Die dritte Jahreszeit
bringt uns goldene Quitten
und saftige Trauben, und
deshalb entstand dieses
Chutney.

Wer mein Buch
»MARMELAMANIA«
kennt, weiß, dass
ich im Winter gerne
Zitrusfrüchte einkoche.
Voilà!

Zitronen-Zauber
WINTER-CHUTNEY

Zutaten
für etwa 6 Einmach-gläser à 440 ml

1 kg Bio-Zitronen
500 ml Rotweinessig
500 ml Wasser
250 g Karotten
200 g Mais
1 EL frischer Ingwer
1 kg Rohrohrzucker
1 EL Meerrettichpaste
Wasabi-Art
1 EL Meersalz

1 — Zitronen unter fließend warmem Wasser abbürsten und trocknen. Enden kappen, den Rest in dünne Scheibchen schneiden und dann vierteln. Kerne dabei entfernen. Mit Rotweinessig und Wasser in einen großen Topf geben. Deckel auflegen und über Nacht relaxen lassen. **2** — Am nächsten Tag Karotten putzen und raspeln. Topfinhalt aufkochen, Karotten und Mais dazugeben. **3** — Etwa 15 Minuten bei starker Hitze kochen, bis alles pürierbar ist. **4** — Pürieren. **5** — Ingwer schälen und raspeln. In Etappen einrühren, gefolgt vom Zucker. **6** — Aufkochen und mindestens 3 Minuten sprudelnd kochen, bis das Chutney geliert. Darauf achten, dass nichts anhängt. Meerrettichpaste Wasabi-Art und Meersalz einrühren.

New Chow-Chow
PAPRIKA-PICKLES

Zutaten
für 5 Einmachgläser
à 440 ml

150 g Maismehl
4 EL edelsüßes Paprikapulver
2 EL geräuchertes edelsüßes
Paprikapulver
2 EL Spinatpulver
1 EL Meersalz
900 ml Apfelweinessig oder
Apfelessig
250 g Kokosblütenzucker
600 g Zucchini
400 g Staudensellerie
400 g Paprika
400 g süße Bio-Äpfel

1 — Maismehl, sämtliches Paprikapulver, Spinatpulver und Meersalz in eine Schüssel geben. 250 ml vom Essig dazugießen und rühren, bis eine dicke Paste von der Konsistenz eines Kartoffelbreis entsteht. **2** — Rest des Essigs in einen großen Topf gießen und zum Kochen bringen. Kokosblütenzucker einrühren, dann in Etappen die Paprikapaste. Topf vom Herd ziehen. **3** — Zucchini, Staudensellerie, Paprika und Äpfel waschen und in mundgerechte Stücke schneiden. Bei den letzten beiden noch das Kerngehäuse entfernen. **4** — Zucchini in den Topf geben und bei starker Hitze 2 Minuten kochen. Staudensellerie, Paprika und Äpfel dazugeben. Darauf achten, dass nichts anhängt. Topfinhalt noch 1 Minute kochen, dann in sterilisierte Einmachgläser schichten. Obst und Gemüse, das oben herausragt, nach unten drücken. Mindestens 2 Wochen relaxen lassen.

Hinter Chow-Chow
verbirgt sich traditionell
Senfgemüse. Wir ver-
wenden zweierlei Paprika-
pulver und auch Äpfel.
Chow-Chow-Gemüse passt
zu allem, was vom Grill
kommt, wie zu kalter Platte.

Vier Gemüse- und
Obstsorten, die sich in
Farbe, Konsistenz
und Geschmack unter-
scheiden, doch
erstaunlich gut
harmonieren.

Franks Favorit
BUNTER PICKLE-MIX

Zutaten
für 3 Einmachgläser
à 650 ml

300 ml Rotweinessig
300 ml Weißweinessig
250 g Rohrohrzucker
125 ml Reissirup
5 EL getrocknetes und
gemahlenes Zitronengras
1 TL Meersalz
1 kg weißer Rettich
300 g Salatgurke
400 g Bananen
200 g Soft-Datteln

1 — Beide Essigsorten in einen großen Topf gießen und aufkochen. Zucker, Reissirup, Zitronengras und Meersalz einrühren. Topf vom Herd nehmen. **2** — Rettich schälen, Salatgurke waschen. Diese wie auch die geschälten Bananen und die Soft-Datteln in mundgerechte Stücke schneiden und in den Topf geben. 2 Minuten stark kochen. Darauf achten, dass nichts anhängt. **3** — Gemüse und Obst mit einer perforierten Schöpfkelle heraushieven und in die Gläser schichten. Die Flüssigkeit aus dem Topf darübergießen. Obst und Gemüse, das herausragt, zurück ins Glas drücken. Mindestens 2 Wochen relaxen lassen.

Tipp:

Im Grunde reichen 500 ml Essig für dieses Rezept. Aber manchmal steckt der Teufel im Detail und es ist wirklich ärgerlich, zu wenig Einmachflüssigkeit zur Hand zu haben.

REGISTER